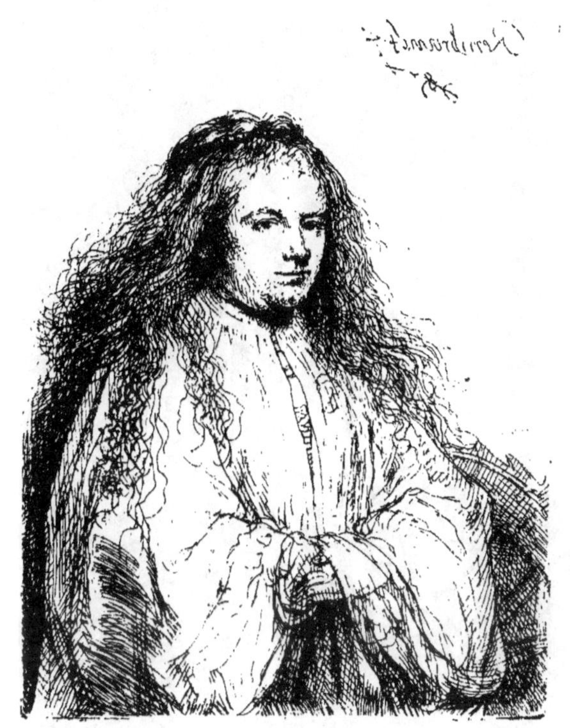

N° 137 du Catalogue.

FRAZIER-SOYE
IMPRIMEUR
PARIS
153, RUE
MONTMARTRE

COLLECTION H. LE SECQ DES TOURNELLES
(2^e^ Partie)

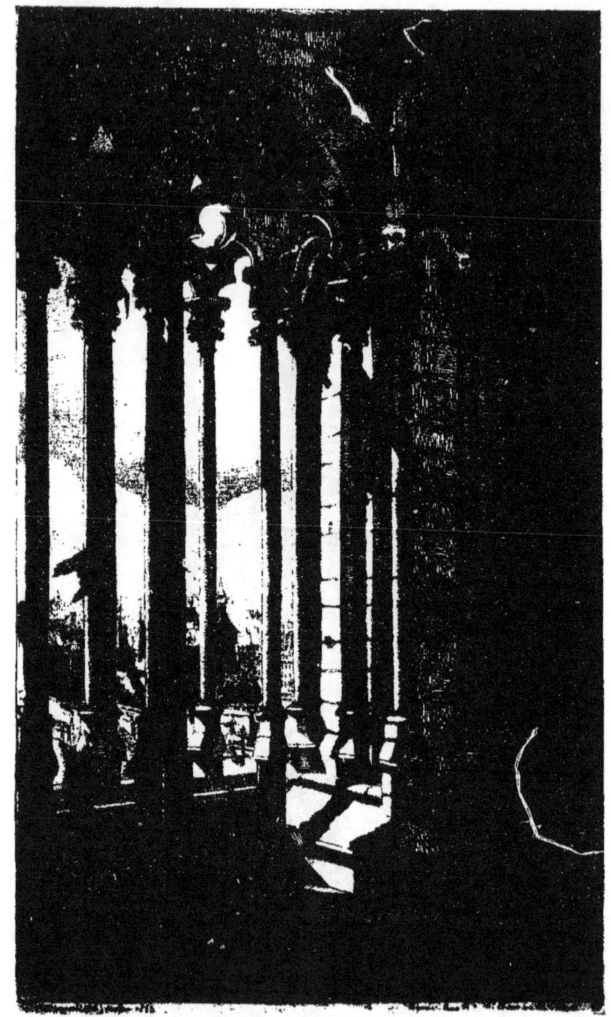

N° 125 du Catalogue.

ESTAMPES — DESSINS

Me MAURICE DELESTRE — Me LOYS DELTEIL

1905

CATALOGUE

DES

ESTAMPES ANCIENNES
ET MODERNES

ET DES

DESSINS

Composant la seconde partie de la Collection

HENRY LE SECQ DES TOURNELLES

dont la vente aura lieu

à Paris, HOTEL DROUOT, Salle N° 7

Les Lundi 17 et Mardi 18 Avril 1905

à 2 heures précises

Par le Ministère de Mᵉ MAURICE DELESTRE

COMMISSAIRE-PRISEUR

5, rue Saint-Georges

Assisté de M. LOYS DELTEIL, Artiste-Graveur, Expert

22, rue des Bons-Enfants

CONDITIONS DE LA VENTE

Elle sera faite au comptant.

Les acquéreurs paieront *dix pour cent* en sus des prix d'adjudication.

M. Loys Delteil remplira les commissions que voudront bien lui confier les amateurs ne pouvant y assister.

MM. les amateurs pourront visiter la collection, 22, *rue des Bons-Enfants*, du Lundi 10 au Samedi 15 Avril inclus, de 10 heures à 5 heures.

ORDRE DES VACATIONS

Lundi 17 Avril. — 1re Partie. Œuvre de Rembrandt van Ryn.

Mardi 18 » — 2e Partie. Estampes anciennes et modernes. Dessins. Nos 1 à la fin.

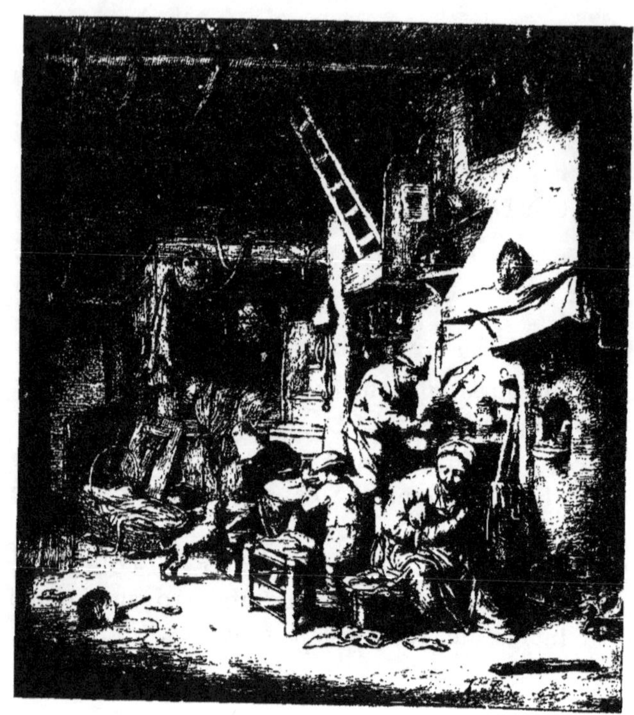

N° 73 du Catalogue.

DÉSIGNATION

ESTAMPES

DES XVIe, XVIIe ET XVIIIe SIÈCLES

BEHAM — DELAULNE — HOPFER — M. L.

1. — L'Amour aux banderolles — Arabesques. Quatre pièces. Belles épreuves.

BENAZECH (C.)

2. — Le Couronnement de la Rosière. Très belle épreuve *imprimée en couleurs* (sans marge).

BERTHAULT (P. G.)

3. — Culs-de-lampes, fleurons et panneaux. Vingt-deux pièces appartenant à diverses suites. Belles épreuves.

BOIS ANCIENS

4. — Dieu le Père assis sur son trône, planche extraite d'un Missel. Très belle épreuve sur vélin, *enluminée.*

5. — Sujets religieux. Onze pièces des xve et xvie siècles par H. S. Beham, Altdorfer, Andreani, L. Cranach et des anonymes. Belles épreuves.

BOISSIEU (Jean-Jacques de)

6. — Les Moines au chœur (Rigal 6) — Vieillard faisant l'aumône (16) — Mendiant assis (17) — Le Précepteur (18) — Les Enfants jouant (19) — La leçon de botanique (20) — Vue près de l'Arbresle — Vue de la Fontaine de Choulan (48) — Le Chasseur (78). Onze pièces. Superbes épreuves d'états.

BOSSE (Abraham)

7. — La Fortune de la France (G. D. 1227). Très belle épreuve.

BOTH (Jean)

8. — Le Charriot attelé de bœufs (Dutuit 2). Très belle épreuve du 3e état, *avant les noms de Both et de Matham.*

BOUCHER (d'après F.)

9. — La Maitresse d'école — Le petit marchand de gâteaux — La Sœur aînée. Trois pièces par Le Prince et Demarteau. Belles épreuves.

CHARDIN (d'après J. B. S.)

10. — Le Faiseur de châteaux de cartes, par Fillœul (E. B. 20). Très belle épreuve du 2e état, le titre changé.

11. — La Maîtresse d'école, par Lépicié (E. B. 34). Très belle épreuve du 2e état, *avec la 1re adresse.*

DEMARTEAU (Gilles)

12. — Tête de jeune Femme, d'après F. Boucher. Belle épreuve tirée en trois tons.

13. — Tête de jeune Femme, d'après le même. Epreuve tirée en trois tons.

14. — Le Dessinateur, d'après le même. Belle épreuve tirée en trois tons.

DENON — CANALETTI

15. — L'abbé Zani découvre une gravure de Finiguerra dans le Cabinet National des Estampes de Paris. — Paysages. Quatre pièces. Belles épreuves.

DUJARDIN (Karel)

16. — Le Mouton et les mouches (B. 38). Très belle épreuve *avant le n°.*

DUSART (Corneille)

17. — La Ventouse (B. 12) — Le Violon assis (15). Deux pièces. Belles épreuves.

DURER (Albert)

18. — La Vierge assise, embrassant l'Enfant jésus, 1513 (B. 35). Superbe épreuve, *avec la signature manuscrite de P. Mariette, 1667.*

DUVET (Jean)

19. — L'Apocalypse, pl. 8 (R. D. 34). Très belle épreuve.

DYCK (Ant. van)

20. — Le Titien considérant sa Maîtresse (D. B.) Superbe épreuve *avant l'adresse de Bonenfant.*

21. — Snellincx (J.) (D. 10). Très belle épreuve.

22. — Suttermans (Justus) (12). Très belle épreuve.

23. — Dyck (Ant. van), par W. Vaillant — Barbé (J. B.), par Bolswert — Breuk (J. de), par Pontius — Gentilescius (H.), par Vorsterman. Quatre pièces, trois avec l'adresse de M. van den Enden.

ÉCOLE FRANÇAISE (XVIIIe Siècle)

24. — Le Désir de plaire — Le Cabaret ambulant — Bacchante — Tête de femme, etc. Six pièces par Demarteau. Surugue, Le Prince, Janinet, etc., d'après Lancret, Le Barbier, Watteau, Vernet, Le Barbier.

ÉCOLE HOLLANDAISE (XVIIe Siècle)

25. — Animaux — Paysages. Dix-sept pièces par Ruisdaël, Waterloo, Everdingen, Stoop, Hecke, Bout et Schœvaerdts. Belles épreuves.

ÉCOLE ITALIENNE

26. — Saint Michel terrassant le Dragon — Le Berger — Saint Sébastien (B. 14) — Psyché et l'Amour (55). Quatre pièces par le Maître au Dé, le Parmesan et un anonyme.

FLAMEN (A.) — ZEEMAN (R.) — LANGLOIS

27. — Diverses espèces de Poissons de mer (B. 1 à 12). Suite complète de douze pièces — Marines (Dutuit 155-166). Suite complète de douze pièces, soit vingt-quatre estampes — Vues de Paris, 3 pl. Très belles épreuves.

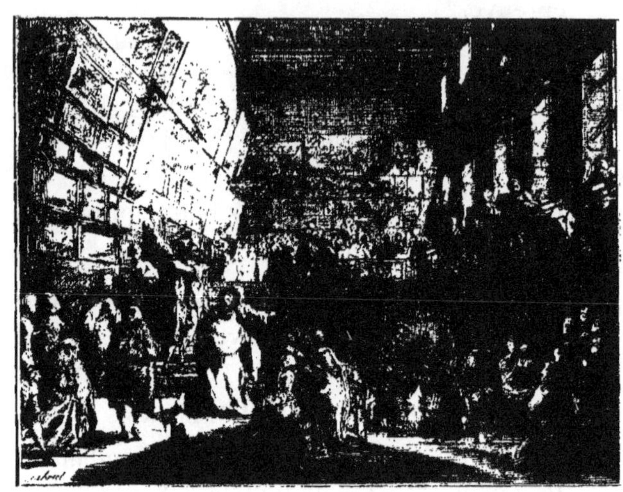

N° 84 du Catalogue.

FLIPART (F.)

28. — Le Refus inutile, d'après Ph. Caresme. Belle épreuve, toutes marges.

FLIPART (J. J.) — MOITTE (P. E.)

29. — Concours pour le Prix de l'Etude des Têtes et de l'Expression (Mlle Clairon), d'après C. N. Cochin fils — Les Œufs cassés, d'après Greuze. Deux pièces. Belles épreuves.

FRAGONARD (d'après H.)

30. — La Bonne Mère, par N. De Launay. Très belle épreuve.

31. — La Fontaine d'Amour, par N. F. Regnault. Belle épreuve.

GELLÉE (Claude)

32. — La Fuite en Egypte (R. D. 1). Très belle épreuve du 1er état.

33. — L'Apparition (2) — Le Troupeau à l'abreuvoir (4). Deux pièces. Belles épreuves.

34. — Le Passage du gué (3) — Scène de brigands (12) — Le Pont de bois (14) — Trois pièces. Belles épreuves.

35. — La Danse au bord de l'eau (6). Superbe épreuve du 3e état.

36. — Le Soleil couchant (15). Belle épreuve.

37. — Le Départ pour les champs (R. D. 16). Superbe épreuve du 2e état, *avant que l'angle de gauche en haut, n'ait ait été arrondi.* Collection F. Debois.

38. — Le Temps, Apollon et les Saisons, 1662 (R. D. 20). Très belle épreuve. Collection Robert-Dumesnil.

39. — Berger et bergère conversant (R. D. 21). Superbe et très rare épreuve du 1er état, à *l'état d'eau-forte.*

40. — L'Enlèvement d'Europe (22) — Les Quatre Chèvres (27). Deux pièces. Belles épreuves.

HUET (d'après J. B.)

41. — Offrande à Flore — Offrande à l'Amour. Deux pièces par Jubier, faisant pendants. Très belles épreuves *imprimées en couleurs* (sans marges).

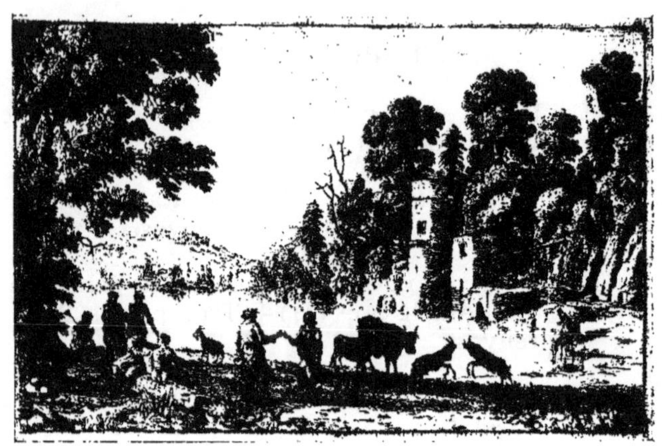

N° 35 du Catalogue.

JANINET (J. F.)

42. — La Bacchante enyvrée, d'après Caresme. Très belle épreuve, *imprimée en couleurs.*

43. — Colonnade et Jardins du Palais Médicis, d'après H. Robert. Belle épreuve, *imprimée en couleurs.*

44. — Restes du Palais du Pape Jules II, d'après H. Robert. Belle épreuve, *imprimée en couleurs* (sans marges).

45. — La Noce de village, d'après P. A. Wille fils. Belle épreuve, *imprimée en couleurs* (sans marges).

JEGHER (Christoffel)

46. — L'Enfant Jésus et Saint Jean, d'après Rubens. Très belle épreuve.

47. — Jésus-Christ tenté dans le désert, d'après Rubens. Très belle épreuve.

LANCRET (d'après N.)

48. — Les Eléments, par Audran, Cochin, Desplaces et Tardieu. Suite complète de quatre pièces. Belles épreuves (une restaurée).

OSTADE (Adrian van)

49. — Paysan joyeux (Bartsch 1 Dutuit 1). Deux belles épreuves, dont une *avant le trait carré et les initiales*.

50. — Paysanne joyeuse (B. 2 D. 2). Deux belles épreuves, une *avant le trait carré et les initiales*.

51. — Paysan qui rit (B. 4 D. 4). Trois belles épreuves des 3e, 4e et 5e états.

52. — Le Fumeur riant (B. 6 D. 6) — Le Vielleur (8). Deux pièces. Belles épreuves.

53. — Le Fumeur à la fenêtre (B. 10 D. 10). Très belle épreuve sur papier à la folie.

54. — L'Homme et la femme causant ensemble (B. 12 D. 12). Superbe et très rare épreuve du 1er état, chargée de barbes. Collection F. Debois.

55. — La Mère et les deux enfants (B. 14 D. 14). Deux belles épreuves.

56. — La Cruche vide (B. 15 D. 15). Deux belles épreuves, dont une *avant divers travaux*.

57. — La Poupée demandée (B. 16 D. 16). Belle épreuve *avant les dernières retouches.*

58. — Le Maître d'école (B. 17 D. 17), 2 épr. — Le Coup de couteau. Trois pièces. Belles épreuves.

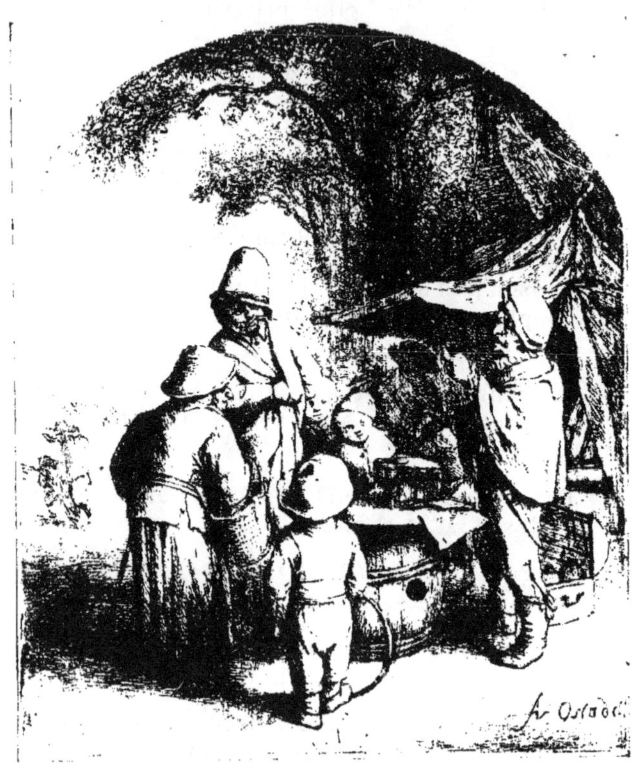

N° 70 du Catalogue.

59. — Gueux au dos courbé (B. 20 D. 20) — Gueux debout, les mains derrière le dos (21) — Gueux enveloppé d'un manteau (22). Trois pièces. Belles épreuves.

60. — La Grange (B. 23 D. 23). Belle épreuve.

61. — La Devideuse à la porte de la maison (B. 25 D. 25). Deux belles épreuves, une *avant les dernières retouches.*

62. — Les Pêcheurs (B. 26 D. 26) — Le Savetier (27) Deux pièces. Belles épreuves.

63. — La Chanteuse (B. 30 D. 30). Deux belles épreuves.

64. — La Fileuse (B. 31 D. 31). Belle épreuve *avant les derniers travaux.*

65. — Le Peintre (B. 32 D. 32). Très belle épreuve.

66. — Le Rémouleur (B. 36 D. 36). Très belle épreuve.

67. — L'Homme conversant avec la femme (B. 37 D. 37). Belle épreuve du 2e état, *avant de nombreux travaux.*

68. — Le Charcutier (B. 41 D. 41). Deux belles épreuves, dont une *avant les tailles horizontales sur le poteau de la treille.*

69. — Le Paysan payant son écot (B. 42 D. 42). Deux belles épreuves de tirage différent.

70. — Le Charlatan (B. 43 D. 43). Très belle et fort rare épreuve du 1er état, *à l'eau-forte pure, avant la bordure et le groupe des 4 enfants à gauche.*

71. — La même pièce. Très belle épreuve sur papier à la folie.

72. — Le Violon et le petit vielleur (B. 45 D. 45). Deux belles épreuves, une *avant les dernières retouches.*

73. — La Famille (B. 46 D. 46). Très belle épreuve.

74. — La Famille (B. 46 D. 46) — La Fête sous la treille (47). Deux pièces. Belles épreuves.

75. — La Danse au cabaret (B. 49 D. 49). Très belle épreuve *avant les dernières retouches.*

76. — Le Goûter (B. 50 D. 50). Très belle épreuve *avant les dernières retouches.* Collection F. Debois.

77. — Le Fumeur (B. 5) — L'Homme appuyé sur le bas de sa porte (9) — Le Fumeur et le buveur (24^{a}) — Les Musiciens ambulants (38) — Les deux Commères (40). Cinq pièces. Belles épreuves.

PICHLER (John)

78. — Les Vases de Fleurs. Deux pièces gr. in-fol., d'après Van Huysum. Belles épreuves.

PONTIUS — DALEN — BOLSWERT

79. — Isabelle-Claire-Eugénie, d'après Rubens — La Vierge donnant le sein à l'Enfant-Jésus, d'après Flinck — Retour d'Egypte, d'après Seghers. Trois pièces in-fol. Belles épreuves.

REYNOLDS (d'après Joshua)

80. — Lt Col. Tarleton, par J. R. Smith, 1782. Belle épreuve, *coloriée* (la marge enduite de couleur).

RUBENS (d'après P. P.)

81. — La Visitation — La Nativité — L'Adoration des Mages — L'Assomption de la Vierge — La Vierge dans une niche — Sainte Thérèse intercédant pour les Ames du Purgatoire. Six pièces par Bolswert, Pontius, Galle, Lauwers et P. de Jode. Belles épreuves.

SAINT-AUBIN (Gabriel de)

82. — Spectacle des Tuileries, première et seconde vues (P. de B. 13-14). Très belles épreuves du 2e état.

83. — Le Charlatan (P. de B. 15). Très belle épreuve du 1er état, *avant de nombreux travaux*.

84. — Vue du Salon du Louvre en 1753 (P. de B. 19). Superbe épreuve du 1er état. Collection Robert-Dumesnil.

SUYDERHOËF (Jonas)

85. — L'Assemblée des plénipotentiaires ratifiant le traité de paix de Munster, d'après G. Terburg (W. 103). Belle épreuve.

WATTEAU (d'après Ant.)

86. — Escorte d'équipages, par L. Cars (E. de G. 56). Très belle épreuve à *l'état d'eau-forte*.

WIÉRIX (Jérôme)

87. — Isabelle-Claire-Eugénie (Alvin 1951), épr. de la collection P. Mariette 1698 — Saint Louis de Gonzague (1004). Deux pièces. Superbes épreuves.

ESTAMPES DU XIXe SIÈCLE

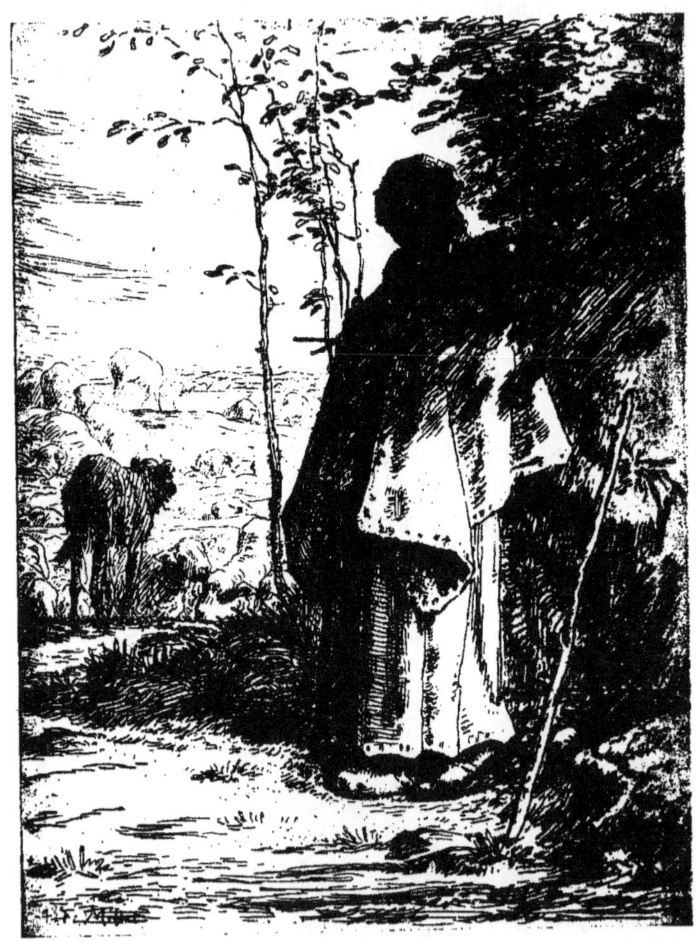

N° 164 du Catalogue.

COROT (J. B. C.)

88. — Le Bateau sous les Saules (A. R. 2). Belle épreuve sur japon. Rare.

DELACROIX (Eugène)

89. — Eaux-fortes par Eugène Delacroix (A. M. 18-23). Suite de six pièces : 1° Un Homme d'Armes 2° Une Juive d'Alger — 3° Etude de Femme vue de dos — 4° Un Forgeron — 5° Un Seigneur du temps de François Ier — 6° Arabes d'Oran. Belles épreuves *avant la lettre*, sur papier du Japon.

90. — Médailles antiques (A. M. 30-34). Cinq lithographies. Très belles épreuves *avec l'adresse d'Engelmann.*

91. — Hamlet (A. M. 41). Très belle épreuve sur chine.

92. — Lion de l'Atlas (A. M. 42). Très belle épreuve du 2e état, *avant les noms de l'imprimeur et de l'éditeur.*

DESBOUTIN (Marcellin)

93. — La Fille de Desboutin (H. B. 10) — Mme Dauviller (28). Deux pièces. Très belles épreuves.

94. — Renoir, peintre (H. B. 23) — Rouart (Henri), peintre (25). Deux pièces. Très belles épreuves.

95. — Callias (Hector de) (H. B. 39) — Colonna (Duchesse) (14) — Mlle Mou-mou (154) — Etude de jeune Fille (146) — L'Enfant à la Tasse (156) — Tête de Femme. Six pièces. Belles épreuves.

96. — Le Fils de Desboutin (Guignol en chambre) (H. B. 4) — Enfants Desboutin (32) — Cadart (78) — Goncourt (E. de) (88) — Haas (89) — Levrault (64) — Jacquemart (92) — P. Rouquette (107). Huit pièces. Belles épreuves.

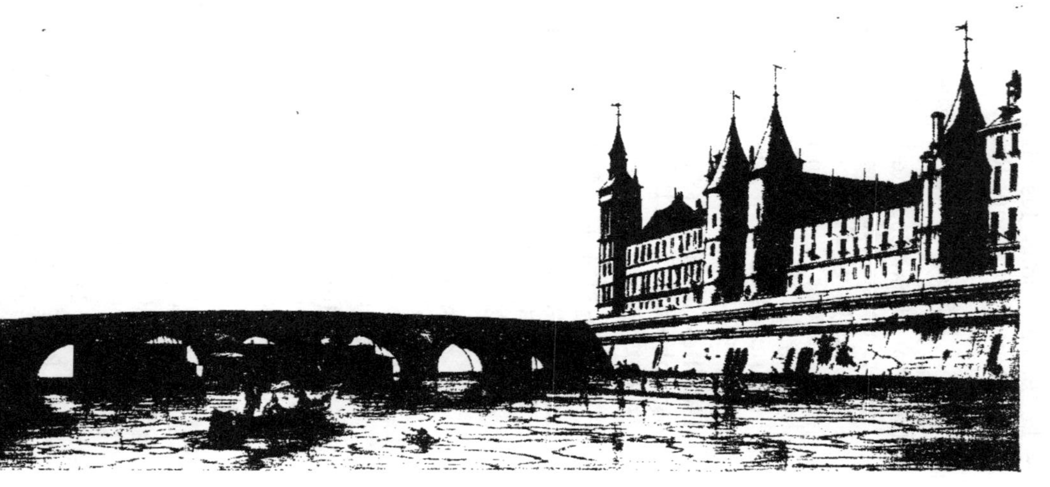

N° 135 du Catalogue.

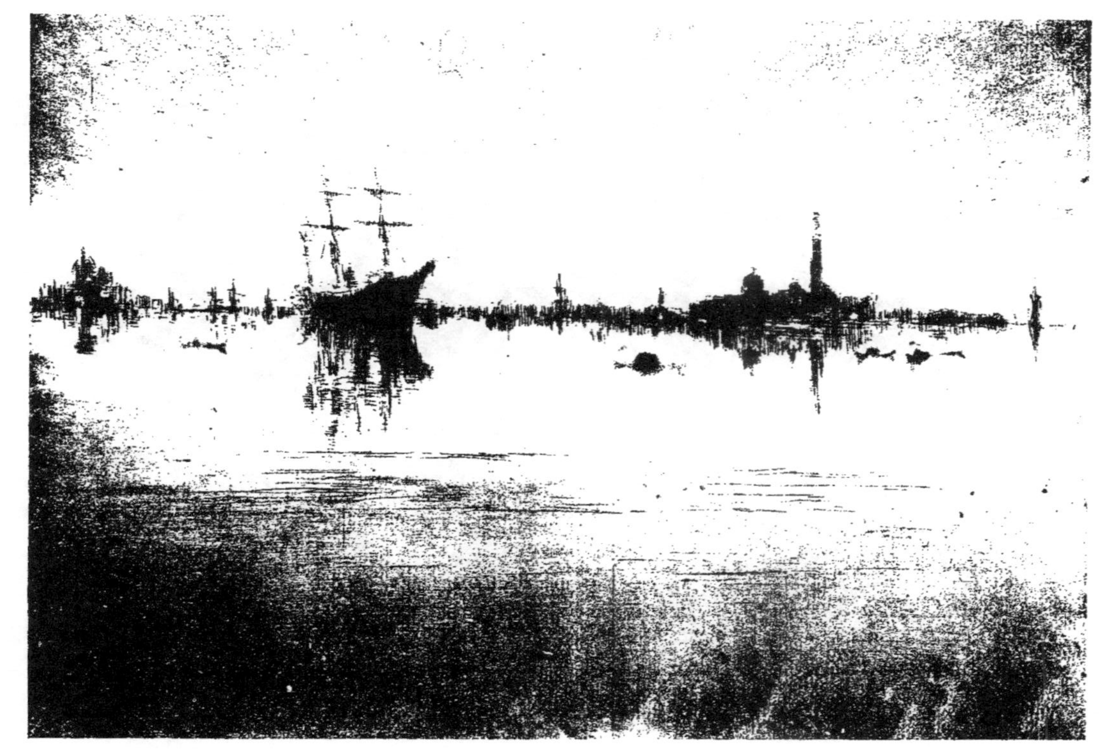

N° 182 du Catalogue.

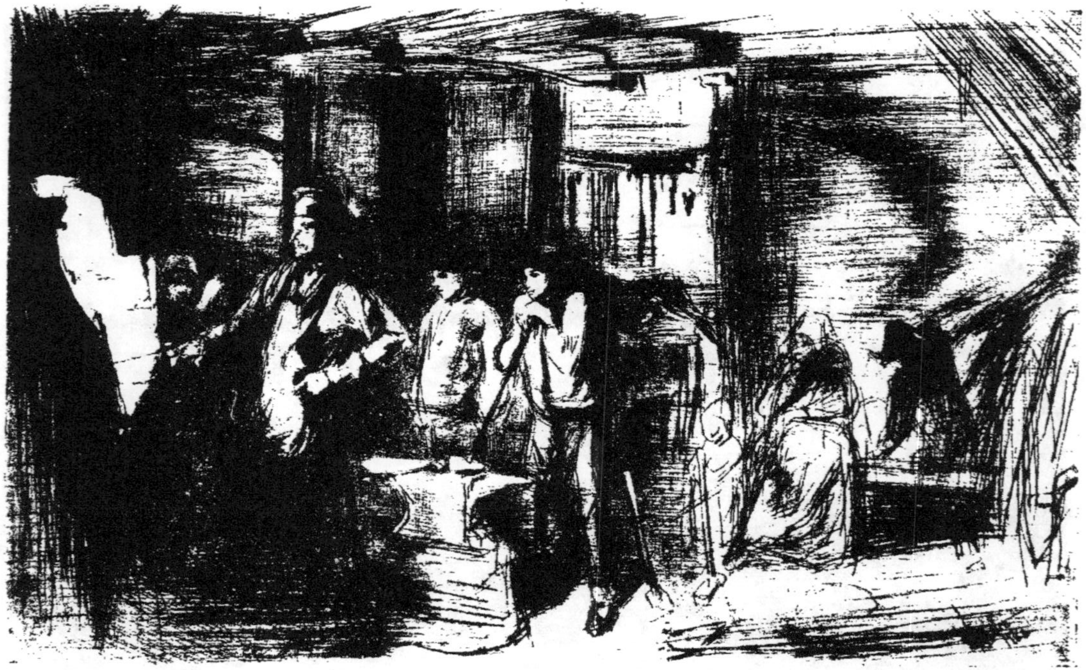

N° 181 du Catalogue.

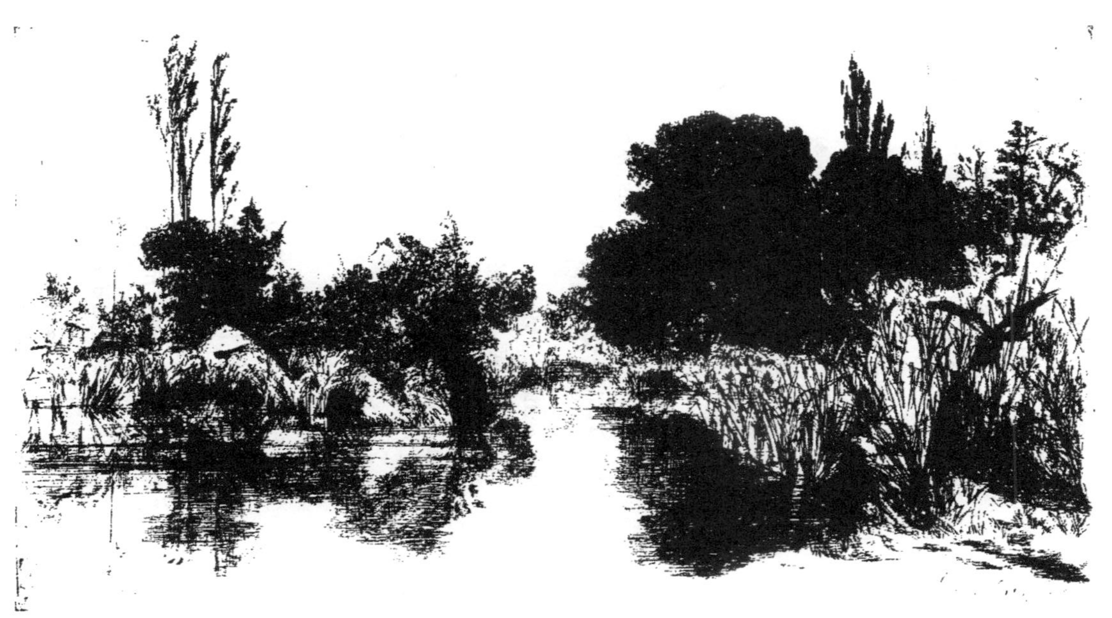

N° 104 du Catalogue.

FORTUNY — RIBOT

97. — La Victoire — L'Aide de cuisine. Deux pièces Très belles épreuves.

GAILLARD (C. F.)

98. — L'Homme à l'œillet, d'après Van Eyck (H. B. 25). Belle épreuve *avant le titre* sur chine.

GÉRICAULT (J. L. Th.)

99. — Les Boxeurs (Ch. Cl. 9 RR). Très belle épreuve du 2e état.

HADEN (F. Seymour)

100. — Habitation de lord Harrington dans les Jardins de Kensington, 1859 (R. D. 12). Très belle épreuve sur papier du Japon.

101. — Entrée du château de Mytton (*Mytton Hall*) (R. D. 13). Superbe épreuve sur papier du Japon.

102. — Egham sur la Tamise (R. D. 14). Superbe épreuve sur japon, avec *dédicace*.

103. — Fulham (R. D. 18). Superbe épreuve, *avant de nombreux travaux*.

104. — Shere Mill Pond (L'Etang au canard), 1860 (R. D. 35). Très belle épreuve.

105. — Thames Ditton, 1864 (R. D. 64). Superbe épreuve du 1er état, tirée sur papier verdâtre.

JONGKIND (J. Barthold)

106. — Entrée du port de Honfleur, épreuve avec *dédicace* — Le Pont sur le Canal. Deux pièces. Belles épreuves.

107. — L'Escaut à Anvers — Moulins en Hollande — Démolition de la rue des Francs-Bourgeois. Trois pièces. Belles épreuves.

ŒUVRE de MÉRYON (Charles)

108. — Méryon (Charles) par F. Bracquemond, 1853 (H. B. 77). Très belle épreuve.

109. — Le Pavillon de Mademoiselle et une partie du Louvre (H. B. 8) — Entrée du Faubourg St-Marceau (H. B. 9). Deux pièces. Très belles épreuves.

110. — Entrée du Couvent des Capucins français, à Athènes (16). Magnifique et rarissime épreuve d'essai, *avant toute lettre.*

111. — Le Pont-Neuf et la Samaritaine, d'après Nicolle (H. B. 19). Très belle épreuve *avant toute lettre*, tirée en bistre. Collection A. Wasset.

112. — Le Pont-au-Change vers 1784, d'après Nicolle (H. B. 20). Très belle épreuve tirée en bistre.

113. — San Francisco (H. B. 22) — Adresse de Rochoux (54) — Planches de Rébus. Cinq pièces. Belles épreuves.

114. — Rue Pirouette aux Halles, 1860, d'après Laurence (H. B. 24). Très belle et très rare épreuve du 2e état, *avec les lettres : C. M. et L. sur le mur à droite.*

115. — Passerelle du Pont-au-Change après l'incendie de 1621 (H. B. 27). Très belle épreuve *avant la lettre*, sur chine.

116. — Partie de la Cité de Paris vers la fin du XVIIe siècle (H. B. 28). Superbe et fort rare épreuve d'essai, *avant toutes lettres et inscriptions*, sur papier de chine.

117. — Le Grand Châtelet, vers 1780 (H. B. 29) — Le Ministère de la Marine (82), *avant la lettre* — Le Vaisseau fantôme, par Chauvel, d'après Méryon. Trois pièces. Belles épreuves.

118. — L'ancien Louvre du côté de la Seine (H. B. 30). Superbe et fort rare épreuve d'essai, *avant que le trait carré n'ait été renforcé;* elle porte en marge un long envoi de Méryon : *A Monsieur A. Wassé (Wasset), employé au Ministère de la Guerre qui me fait l'honneur de recueillir quelques états de mes gravures. J'ai de très fortes raisons pour penser la certitude même que cette épreuve, lors de l'encadrement, a été soumise à quelqu'opération secrète; tous les moyens sont bons pour arriver plus sûrement à déconsidérer un artiste qui pour telle cause que ce soit les inquiète, la basse Envie, le vil Egoïsme et le Fanatisme aveugle de l'Esprit-de-parti, P. ce 27 Août 1866 C. M.*

119. — La même pièce. Très belle épreuve *avant la lettre.*

120. — Titre des EAUX-FORTES SUR PARIS (H. B. 31), 2 épreuves — Dédicace-inscription : A R. Zeeman (32) — Frontispice : Ancienne porte du Palais-de-Justice (33) — Armes de la Ville de Paris (35) — Tombeau de Molière, cul-de-lampe (53). Six pièces. Belles épreuves.

121. — Le Stryge (37). Superbe et très rare épreuve du 1er état *avec les vers, avec dédicace signée;* sur papier verdâtre.

122. — La même pièce. Superbe épreuve du 2e état, les vers effacés, mais *avant le titre.*

123. — Le Petit Pont (38). Magnifique épreuve du 2e état, avec C. M., mais sans aucune autre lettre, tirée sur papier verdâtre.

124. — L'Arche du Pont Notre-Dame (39). Très belle épreuve du 2e état, *avant le titre* et *avant les lettres C. M.*

125. — La Galerie de Notre-Dame (40). Magnifique épreuve du 1er état, *avant la lettre* et *avant les cinq minuscules corbeaux;* tirée sur papier verdâtre.

126. — La Rue des Mauvais-Garçons (41). Superbe épreuve du 2e état, avec les vers.

127. — La Tour de l'Horloge, au Palais-de-Justice (42). Superbe épreuve du 2e état, *avant toute lettre*, mais avec les initiales; sur papier verdâtre.

128. — Tourelle de la rue de la Tixéranderie (43). Magnifique épreuve du 2e état, avec les lettres C. M., mais *avant toute autre lettre;* tirée sur papier verdâtre.

129. — Saint Etienne-du-Mont (44). Superbe et très rare épreuve du 1er état.

130. — La Pompe Notre-Dame (45). Superbe épreuve du 2e état, *avant le titre*, etc.

131. — La petite Pompe (46) — Très belle épreuve.

132. — Le Pont-Neuf (47). Magnifique et rarissime épreuve du 1er état *avant les vers*, tirée sur papier verdâtre. Collection A. Wasset.

133. — La même pièce. Magnifique et très rare épreuve du 2e état *avec les vers*, tirée sur papier verdâtre.

134. — La même pièce. Très belle épreuve du 4e état *avec le titre, la cheminée effacée*, mais *avant la date*.

135. — Le Pont-au-Change (48). Magnifique et rarissime épreuve d'un tout 1er état, *avant le ballon Speranza, les figures sur le pont, la tour de la Pompe, les maisons*, etc.

Cette épreuve est la quatrième connue.

136. — La même pièce. Magnifique épreuve du 1er état, avec le ballon *Speranza, la date*, etc.

137. — La Morgue (50). Magnifique épreuve du 2e état, *avant les inscriptions.*

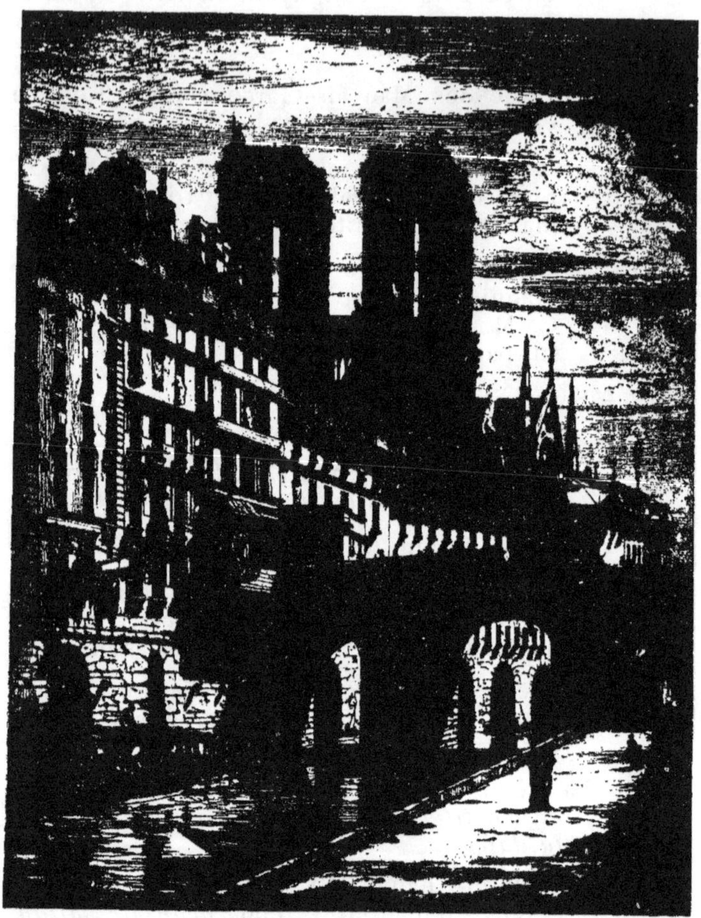

N° 123 du Catalogue.

138. — L'Abside de Notre-Dame de Paris (52). Magnifique épreuve du 2e état, *avant la lettre* et *avant que le millesime n'ait été effacé.*

139. — La Tourelle de Marat, rue de l'Ecole-de-Médecine, 22 (55). Superbe *épreuve d'essai*, sur chine (numérotée 2-28 *Mai*) *avant toute lettre, avant le ciel*, etc. De toute rareté.

140. — La même estampe. Superbe épreuve du 1er état, *avec les figures dans le ciel* et *avant les changements dans les inscriptions.*

141. — Rue des Chantres (56). Très belle épreuve.

142. — La Rue des Toiles, à Bourges, 1853 (58). Superbe épreuve du 1er état, *avec le chien.*

143. — Ancienne habitation, à Bourges (59). Superbe épreuve.

144. — Collège Henri IV, 1864 (83). Superbe épreuve du 1er état, *avec la mer, comme fond.*

145. — La même estampe. Superbe épreuve du 2e état. *Bon à tirer pour cent épreuves... C. Méryon. Paris ce 9 août 1864.*

146. — Bain froid Chevrier, dit de l'Ecole, 1864 (84). Superbe épreuve *avant toute lettre* et *avant le monogramme.*

147. — La même pièce. Très belle épreuve avec la lettre, avec la mention : *Bon à tirer pour vingt-cinq épreuves du Bain Froid Chevrier ce 16 octobre 1864. C. Meryon.*

148. — La même pièce. Quatre très belles épreuves, trois avec la planche accessoire de texte tiré en tons différents.

149. — NOUVELLE-ZÉLANDE : Le Pilote de Tonga, inscription (H. B. 60) — Le Malingre Cryptograme (61) — Greniers indigènes à Akaroa (63) — Grande Case indigène sur le chemin de Poëpo (64) — Ilots à Uvea, pêche aux palmes (65), 4 épreuves d'état — Presqu'île de Banks, 2 pl. (66-68) — La Chaumière du

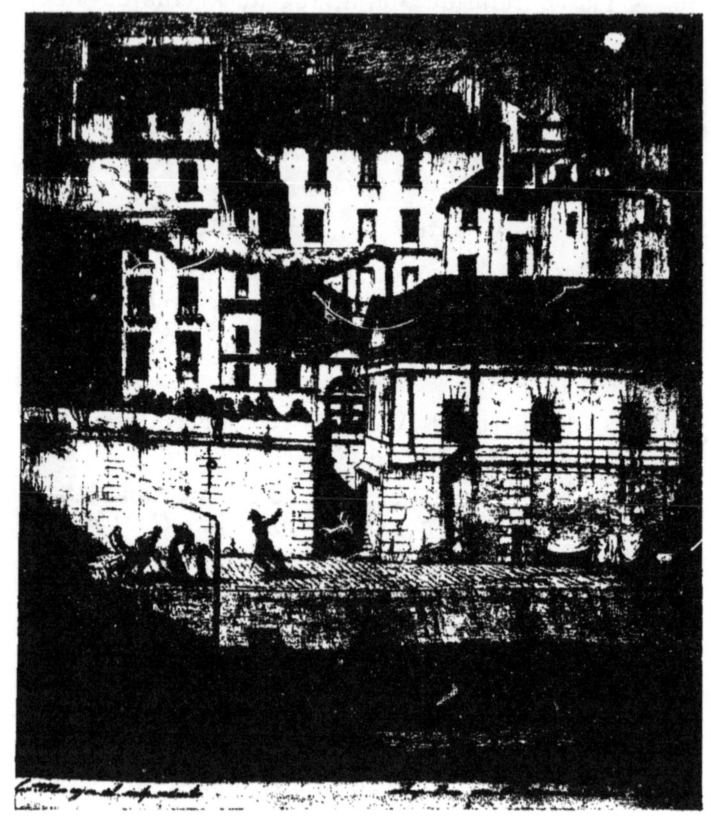

N° 137 du Catalogue.

colon vieux-soldat à Akaroa (68 *bis*). Douze pièces. Belles épreuves, plusieurs *avant la lettre*.

150. — Encadrement pour le portrait de l'imprimeur Guéraut (79). Très belle épreuve sur chine avec la dédicace suivante : *Pièce intime tirée à un petit nombre d'épreuves à M. H. Lesecq. C. Meryon, mai 1863.*

151. — Présentation à Louis XI, du Valère Maxime, d'après une ancienne miniature (H. B. 25). — Plan du combat de Sinope (21) — Jean Besly (93) — La Loi Solaire (74) — La Loi Lunaire (72) — F. Viété (90) — Boulay-Paty (89) — Sept pièces. Très belles épreuves.

MILLET (J. F.)

152. — Femme étendant du linge sur une haie (A. L. 2). Très belle épreuve. Très rare.

153. — L'Homme appuyé sur sa bêche (A. L. 4) — Les deux vaches paissant (5). Deux pièces. Très belles épreuves.

154. — Feuille de croquis à la Tricoteuse (A. L. 8) — Ramasseurs de varech (9). Deux pièces. Très belles épreuves.

155. — La Couseuse (A. L. 10). Très belle épreuve sur parchemin.

156. — La Baratteuse, 1855 (A. L. 11). Très belle épreuve *avant l'adresse de Delatre.*

157. — Paysan rentrant du fumier (A. L. 12). Superbe épreuve du 1er état, tirée sur papier ancien.

158. — Les Glaneuses (A. L. 13). Superbe épreuve.

159. — Les Bêcheurs (A. L. 14). Très belle épreuve.

160. — La Cardeuse (A. L. 16). Superbe épreuve tirée en ton bistré.

161. — La même pièce. Très belle épreuve.

162. — La Gardeuse d'oies (A. L. 17). Superbe épreuve sur japon.

163. — Femme faisant manger son enfant (A. L. 18). Très belle épreuve *avant la lettre.*

164. — La grande Bergère (A. L. 19). Superbe épreuve.

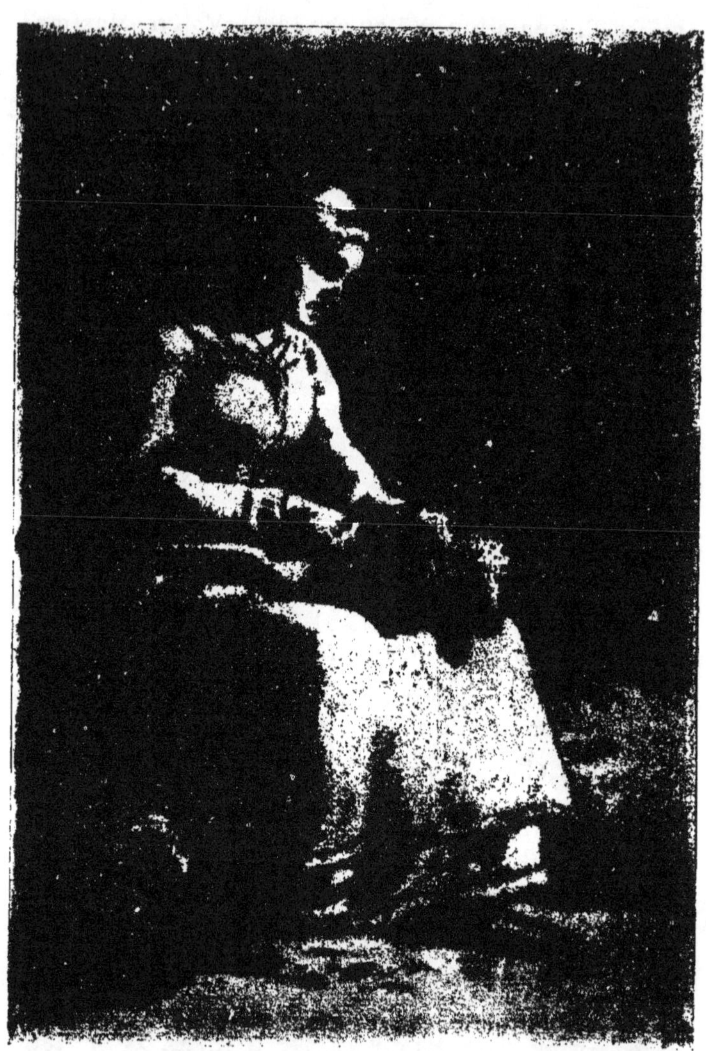

N° 100 du Catalogue.

165. — La même estampe. Superbe épreuve tirée en ton bistré.

166. — Le Départ pour le travail (A. L. 20). Superbe épreuve.

167. — La Fileuse (A. L. 21). Superbe épreuve d'état, avec les 5 *tailles*, dans le haut à gauche.

168. — La Précaution maternelle (A. L. 25). Cliché-verre. Superbe épreuve.

169. — Bêcheur au travail (A. L. 30) — Bêcheur au repos (34) — Femme vidant un seau (32). Trois bois. Très belles épreuves.

170. — La Bergère assise (A. L. 33). Superbe épreuve sur japon.

RAIMBACH (Abraham)

171. — *Blind-Man's buff*, d'après D. Wilkie. Grand in-fol. Très belle épreuve.

WHISTLER (J. Mac Neill)

172. — La Mère Gérard (W. 9). Très belle épreuve sur chine.

173. — Annie (W. 15). Très belle épreuve.

174. — La Marchande de moutarde (16). Superbe épreuve du 1er état, *avec l'adresse de Delatre*. Très rare.

175. — Fumette (W. 18). Superbe épreuve.

176. — Le jeune Fils de Seymour-Haden (W. 22). Très belle épreuve.

177. — La Nourrice et l'Enfant (W. 34). Très belle épreuve.

178. — The Lime-Burner, 1859 (44). Très belle épreuve sur papier du Japon.

3700 179. — Whistler, 1859 (W. 52). Très belle épreuve sur papier du Japon.

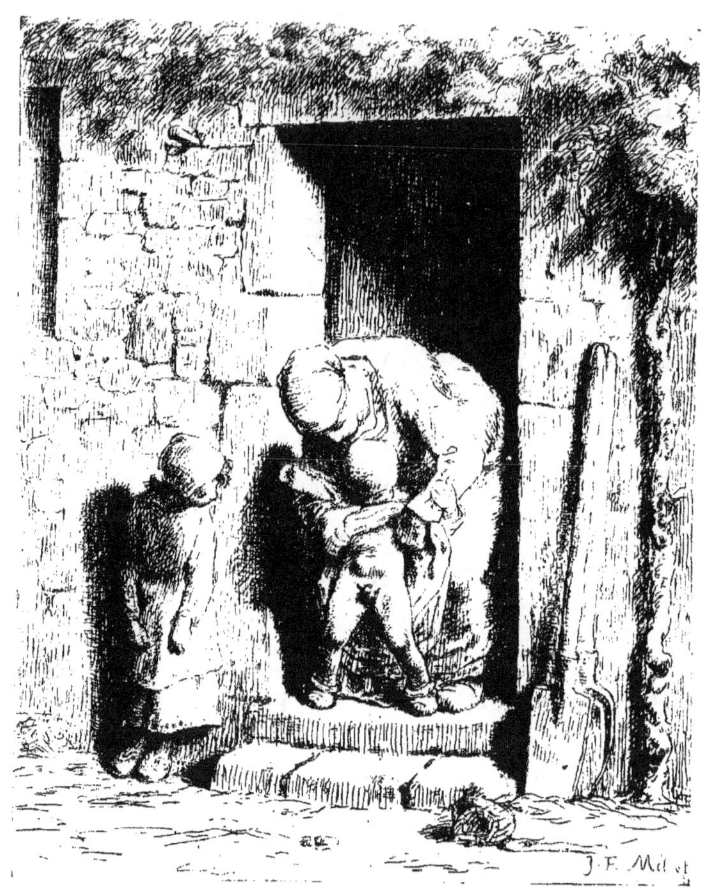

N° 168 du Catalogue.

400 180. — Rotherhite (W. 60). Superbe épreuve.

550 181. — The Forge (63). Superbe épreuve sur japon mince.

182. — Nocturne (W. 154). Superbe épreuve, *signée*.

183. — The Beggars (Les Mendiants) (159). Superbe épreuve, *signée*.

184. — Pensionnaire de Greenwich, 1859. Belle épreuve sur japon.

185. — Bords de la Tamise, 1861. Belle épreuve.

LE SECQ (Henry)

186. — Œuvre d'Henry Le Secq des Tournelles : Sujets religieux — Souvenirs d'Italie — Paysages — Sujets divers.

DESSINS

ANDRIEUX (A.)

187. — La Prise de tabac. Aquarelle. Signée.

188. — Le Mot d'ordre (Scène de gardes nationaux). Aquarelle. Signée.

DAUMIER (Honoré)

189. — Un Avocat s'avançant de face et descendant une marche ; autour du personnage, croquis de têtes. A la plume, lavé d'encre de chine. Signé des initiales. Au verso, deux hommes assis à terre.

ÉCOLE FRANÇAISE (XVIIIe Siècle)

190. — Jeune Femme respirant une rose. Au crayon noir, rehaussé de pastels.

HUYSUM (J. van)

191. — Vases de fleurs. A la plume, lavé d'aquarelle.

JONGKIND (J. Barthold)

192. — Rue Haute, à Honfleur. Aquarelle, *signée* et datée : 7 *oct. 63*.

193. — L'Incendie (Scène de nuit sur les bords d'un canal). Au crayon noir, rehaussé. Signé.

JORDAENS (Ecole de)

194. — Sujet Biblique? Dessin rehaussé d'aquarelle. Signé : *Jordaens*.

MICHEL

195. — La Chapelle au haut de la colline. Au crayon noir, rehaussé d'aquarelle. Au verso, autre dessin.

MOLYN (Peter)

196. — Les Chaumières. Au crayon noir, lavé d'encre de chine. Signé.

VERNET (Joseph)

197. — L'Eruption. A la plume.

WILLE FILS (Pierre-Alexandre)

198. — Les Premiers pas. A la plume, lavé d'encre de chine. Signé et daté : 1809.

ZEEMAN (Renier)

199. — Simulacre de combat naval. A l'encre de chine. Signé. Collection Lagoy.

IMPRIMERIE

FRAZIER-SOYE

153-157, Rue Montmartre

PARIS

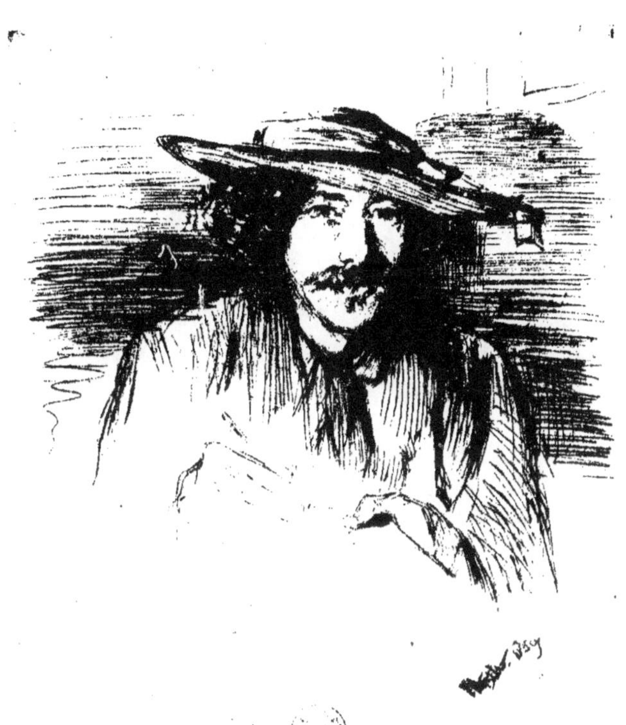

N° 179 du Catalogue.

FRAZIER-SOYE
IMPRIMEUR
PARIS
153, RUE
MONTMARTRE.

www.ingramcontent.com/pod-product-compliance
Lightning Source LLC
LaVergne TN
LVHW020246230826
846091LV00006B/2271
9782329540184